合唱ピース101

混声4部合唱・男声4部合唱

誰か故郷を想わざる

うた：霧島 昇

西條 八十 作詞／古賀 政男 作曲／遠藤 謙二郎 編曲

Words by Yaso Saijou / Music by Masao Koga
Arranged by Kenjiro Endoh

オンキョウ

混声4部合唱・男声4部合唱 脚注）

誰か故郷を想わざる

西條 八十 作詞／古賀 政男 作曲／遠藤 謙二郎 編曲

脚注）混声4部合唱のときは1，2段目、
男声4部合唱のときは3，4段目を歌う。

2

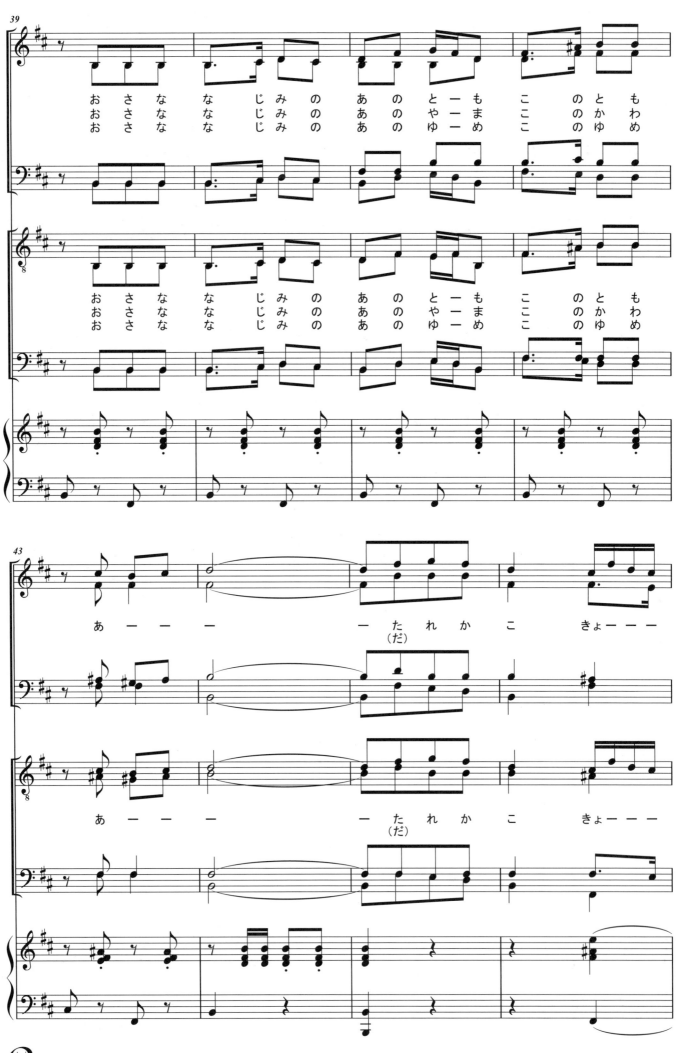

誰か故郷を想わざる

西條 八十 作詞／古賀 政男 作曲

花摘む野辺に日は落ちて
みんなで肩を　くみながら
唄をうたった帰りみち
幼馴染のあの友　この友
ああ　誰か故郷を想わざる

ひとりの姉が嫁ぐ夜に
小川の岸で　さみしさに
泣いた涙のなつかしさ
幼馴染のあの山　この川
ああ　誰か故郷を想わざる

都に雨のふる夜は
涙に胸も　しめりがち
とおく呼ぶのは誰の声
幼馴染のあの夢　この夢
ああ　誰か故郷を想わざる

＝誰か故郷を想わざる　演奏ノート＝

遠藤謙二郎

　太平洋戦争の始まる前年の1940年に、西條八十作詞、古賀政男作曲、霧島昇の歌で発売された昭和初期の歌謡曲。遠く戦地で慰問の曲として歌われると、それを聴いた兵士達はふるさとを想い感涙にむせんだという。しかし、戦意高揚の歌では無い。故郷を思わせる曲は士気が下がるとの理由で禁止になったところもあると言われていることからも、それが分かる。

　タイトルと各節最終行の「誰か故郷を想わざる」は昔の日本語の言い回しで書かれていて、「誰か故郷を想わない者がいるだろうか？」の意味で、その裏に「イヤ、そんな者はいない」と言う強い否定を込めた、反語と呼ばれる表現方法が使われている。

　なお「誰か」は、旧仮名遣い（歴史的仮名遣い）では「たれか」と読まれ、霧島もそのように歌っている。今では「だれか」と現代仮名遣いで歌われる例も多く、楽譜には併記しておいた。

演奏ノート（混声、男声共通）

男声合唱は、ピアノ無しでアカペラでも楽しんで頂けるように編曲した。
その場合、イントロは省略して15小節から始める。特にB2の低い音を豊かに響かせると、男声合唱の特徴が良く出て効果大。
途中の間奏では、ピアノによるメロディが省略されるが、その分、男声特有のぶ厚いハモリで豊かな Vocalise（母音唱）を聴かせて欲しい。

【イントロ】哀調を帯びたメロディーを、ややレトロ感のあるリズムで、過度にメランコリックにならないように支える。全曲通して、ピアノの16分音符のリズムは控えめに柔らかく。スタッカートにならないようにペダルでつなぐ。そして、スタッカートを付けた音符ではペダルを離して歯切れ良く弾くこと。

【15小節】レガートを基本に、大きな（長い）フレーズ感を出して歌う。ユニゾン部は抑えめに歌い、声部が別れるところでパワー感が落ちることの無いように歌う。ピアノはデクレッシェンドして入り、目立ちすぎないように控えめに。

【31小節】アクセントは鋭くならないように。「ふるさとを思う懐かしい気持ち」を強く出す。

【35小節】上で述べたように、「た」と「だ」を併記した。場合に応じて、歌い分けても良い。例えば聴く人の年齢や想いなど。また、歌う人が若い場合は、日常とかけ離れた言葉になると不自然なので、「だ」の方が無難とも言える。

女声2部合唱 ピアノ伴奏（＋バイオリン）
ミュージカルを歌おう（予）

遠藤謙二郎 編曲／菊倍／48P／定価（本体1,600円＋税）
ISBN978-4-86605-030-0 C0073 ¥1600E　JAN4524643100300（予）

【内容】（予定）
合唱ピースでおなじみの遠藤先生の編曲で、ミュージカルをピアノ伴奏付き（曲によっては＋バイオリン。詳しくは下記参照）に仕上げました。

初心者でも歌えるように簡単で、しかも演奏会としての演奏効果のある演出も考え、女声2部合唱を基本に構成しました。編曲は、極力ミュージカルそのままを合唱で再現するよう工夫しています。特に「踊り明かそう」は、ステージで配役を決めてちょっとしたミニミニミュージカルも出来るかもしれません。合唱団の都合によって、いろいろな構成で演奏できるように配慮しました。曲毎の演奏ノートも付いています！

～マイ・フェア・レディ より「踊り明かそう」
オプションでソプラノ・ソロとバイオリン序奏付きですが、バイオリン序奏はフルートなどでも良く、また無くても成り立ちます。

～屋根の上のバイオリン弾きより「サンライズ・サンセット」
オプションでソプラノ・ソロとバイオリン序奏付き。元のミュージカルの主題を意識してバイオリンのソロを加えましたが、省略も可です。ソプラノ・ソロもありますが、合唱の一つのパートで歌っても良いです。

～王様と私より「シャル・ウイ・ダンス」
ピアノ伴奏のみでソプラノ・ソロは付いてません。ミュージカルの中で、音楽を覚えたての王様が掛けるかけ声、「ワン、トゥー、スリー、アンド！」も付け、面白さを演出出来るようにしました。

男声合唱とピアノのための
昭和歌謡名曲集（予）

遠藤謙二郎 編曲／A4／80P／定価（本体2,000円＋税）
ISBN978-4-86605-084-3 C0073 ¥2000E　JAN4524643100843（予）

【内容】（予定）
　この曲集には、昭和35年（1960年）から昭和62年（1987年）に掛けての、昭和後半の10曲が、幅広く集められている。年代順に並べて聴き比べてみると、この間に大衆の音楽も随分変わってきたものと感慨を覚える。
　インスタント食品が登場しカラーテレビの本放送が開始された1960年は、日本の高度経済成長期の前半にあり、エンターテイメントの世界も技術の発展と相まって大きな発展へとつながっていく頃である。1987年には、NTTが携帯電話サービスを開始し、今のスマホの発端となる。その2年後には平成の世になり、J-POP全盛へと時代は移っていく。　（演奏ノートより）

見上げてごらん夜の星を（坂本九）／骨まで愛して（城卓矢）／ブルーライト・ヨコハマ（いしだあゆみ）／夢芝居（梅沢富美男）／心のこり（細川たかし）／夢は夜ひらく（園まり）／越冬つばめ（森昌子）／アカシアの雨がやむとき（西田佐知子）／人生いろいろ（島倉千代子）／愛燦燦（美空ひばり）

名曲の数々を遠藤先生の編曲でピアノ伴奏付きの男声4部合唱に仕上げました。役立つ演奏ノート付き！あらゆる現場で御愛用下さい。

男声合唱による
心に残る日本の歌（予）

遠藤 謙二郎 編曲／A4／32P／定価（本体1,200円＋税）
ISBN978-4-86605-102-4 C0073 ¥1200E　JAN4524643101024（予）

【内容】（予定）
　この曲集は、歌謡曲、歌曲、民謡などのジャンルを区切ること無く、日本人の心にある「うた」、そしてこれからも残していきたい「うた」を数曲採り上げて、一冊にまとめたものである。曲数は5曲と少ないが、様々な「素朴な日本」の伝統的シーンに根付いた曲を集めて、無伴奏の男声合唱組曲としても演奏できるようにまとめてみた。　（演奏ノートより）

南部大黒舞（岩手県民謡）／中国地方の子守唄（岡山県民謡）／かやの木山の（北原白秋 作詞／山田耕筰 作曲）／与作（七澤公典 作詞・作曲）／まつり（なかにし礼 作詞／原譲二 作曲）

名曲の数々を遠藤先生の編曲でアカペラの男声4部合唱に仕上げました。役立つ演奏ノート付き！あらゆる現場で御愛用下さい。

【オンキョウ合唱ピース・曲集シリーズ】

No.	編成	曲名	定価
001	女3	世田谷うたのひろば あるレクイエム	定価(800円+税)
002	女3	世田谷のうた お行儀のいい小鳥たち	定価(800円+税)
003	女3	世田谷のうた あじさい村	定価(600円+税)
004	女(児童)3	千の風になって	定価(800円+税)
005	女3	アメージンググレイス	定価(600円+税)
006	女(児童)3	まあるいのち	定価(600円+税)
007	混4	白百合の花が咲くころ	定価(800円+税)
008	女(児童)3	旅立ちの日に	定価(600円+税)
009	女3	まあるい地球は誰のもの・なごり雪	定価(800円+税)
010	混4	案山子	定価(600円+税)
011	混4	愛の流星群	定価(800円+税)
012	混4	蕾(つぼみ)	定価(600円+税)
013	混4	永遠にともに	定価(600円+税)
014	女(児童)3	手紙~拝啓十五の君へ~	定価(600円+税)
015	女(児童)3	母賛歌・母が教え給いし歌	定価(900円+税)
016	女3	愛のままで…	定価(800円+税)
017	女(児童)3	アイツムギ	定価(800円+税)
018	混3	桜の栞	定価(500円+税)
019	女3	ありがとう	定価(600円+税)
020	女3	INORI~祈り~	定価(600円+税)
021	女3	翼をください	定価(600円+税)
022	女3	ハナミズキ	定価(600円+税)
023	女3	三日月	定価(600円+税)
024	混4	1万回のありがとう	定価(600円+税)
025	女3	YELL	定価(600円+税)
026	混4	3月9日	定価(600円+税)
027	混4	希望の歌~交響曲第九番~	定価(600円+税)
028	混3	桜の木になろう	定価(600円+税)
029	混4	残酷な天使のテーゼ	定価(600円+税)
030	混4	負けないで	定価(600円+税)
031	混4	あすという日が	定価(600円+税)
032	女3	空より高く	定価(600円+税)
033	女3	I Have a Dream	定価(600円+税)
034	混3	虹	定価(600円+税)
035	女3	おひさま~大切なあなたへ	定価(600円+税)
036	女3	ふるさとからの声	定価(600円+税)
037	混4	家族になろうよ	定価(600円+税)
038	女3	カーネーション	定価(600円+税)
039	女3	夜明けのスキャット	定価(600円+税)
040	女3	いくたびの櫻	定価(600円+税)
041	女3	歩いていこう	定価(600円+税)
042	混4	ふるさと	定価(600円+税)
043	混3	Hey和	定価(600円+税)
044	混3	風が吹いている	定価(700円+税)
045	混3	栄光の架橋	定価(600円+税)
046	混3・混4	with you	定価(700円+税)
047	混3・混4	証	定価(700円+税)
048	混3・混4	道	定価(600円+税)
049	混3・混4	fight	定価(600円+税)
050	混3・混4	のぞみ	定価(600円+税)
051	混3・混4	ヨイトマケの唄	定価(800円+税)
052	女3	ふるさとは今もかわらず	定価(600円+税)
053	混4/混3・女3	道化師のソネット	定価(600円+税)
054	混3・混4	あまちゃんオープニングテーマロングバージョン	定価(600円+税)
055	女3・混4	恋のフーガ	定価(600円+税)
056	女3・混4	ひこうき雲	定価(600円+税)
057	女3・混4	心の瞳	定価(600円+税)
058	女3・混4	からたちの小径	定価(600円+税)
059	女3・混4	わが美しき故郷よ	定価(600円+税)
060	女3・混4	今、咲き誇る花たちよ	定価(600円+税)
061	混4・男4	まつり	定価(600円+税)
062	女3・混4	檸檬Lemon	定価(600円+税)
063	女3	レット・イット・ゴー~ありのままで~	定価(700円+税)
064	女3・混4	Birthday	定価(600円+税)
065	女3・混4	広い河の岸辺~The Water Is Wide~(アカペラ)	定価(600円+税)
066	女3・混4	にじいろ	定価(600円+税)
067	女3・混4	無縁坂	定価(600円+税)
068	女3	麦の唄	定価(600円+税)
069	女3・混4	日々	定価(600円+税)
070	女3・混4	瞳	定価(700円+税)
071	女3・混4	幸せな結末	定価(600円+税)
072	女3・混4	先生のオルガン	定価(700円+税)
073	女3・混4	サクラ咲ケ	定価(700円+税)
074	混4	風に立つライオン	定価(700円+税)
075	女3・混4	ひまわりの約束	定価(700円+税)
076	女3・混4	ありがとうForever...	定価(700円+税)
077	女3・混4	主人公	定価(700円+税)
078	女3・混4	もしも運命の人がいるのなら	定価(700円+税)
079	女3・混4	愛の挨拶~夜空に星を散りばめて~	定価(700円+税)
080	女3・混4	糸	定価(700円+税)
081	男4	川の流れのように	定価(700円+税)
082	女3・混4	見上げてごらん夜の星を	定価(700円+税)
083	女3・混4	世界に一つだけの花	定価(700円+税)
084	女3・混4	地上の星	定価(700円+税)
085	女3・混4	時代	定価(700円+税)
086	女3・混4	恋	定価(700円+税)
087	女3・混4	空と君のあいだに	定価(700円+税)
088	女3・混4	ファイト!	定価(700円+税)
089	女3・混4	TOMORROW	定価(700円+税)
090	女3・混4	いい日 旅立ち	定価(700円+税)
091	女3・混4	はじまりのとき	定価(700円+税)
092	女3・混4	昴ーすばるー	定価(700円+税)
093	女3・混4	秋桜	定価(700円+税)
094	女3・混4	いのちの歌	定価(700円+税)
095	女3・混4	Jupiter	定価(700円+税)
096	女3・混4	楓	定価(700円+税)
097	混4・男4	今ありて	定価(700円+税)
098	女3・混4	愛をこめて花束を	定価(700円+税)
099	混4・男4	君をのせて	定価(700円+税)
100	女3・混4	CAN YOU CELEBRATE?	定価(800円+税)
101	混4・男4	誰か故郷を想わざる	定価(700円+税)
	女3・混4	手紙~親愛なる子供たちへ~	定価(700円+税)
	女3・混4	一粒の種	定価(700円+税)
	女3	BELIEVE	定価(500円+税)
	女3	バーゲン・バーゲン/あなたが	定価(700円+税)
	女3・混4	ゆく春に	定価(800円+税)
	女3・混4	ハピネス	定価(700円+税)
	混3・混4	祈り~a prayer	定価(700円+税)
	女3・混4	いのちの記憶	定価(700円+税)
	女2	サクラサク	定価(600円+税)
	女3・混4	広い河の岸辺~The Water Is Wide~(ピアノ伴奏付き)	定価(800円+税)
	混3	何度目の青空か？	定価(600円+税)
	混3	いのちのリレー	定価(700円+税)
	混3	愛の歌 (TBS系ドラマ『表参道高校合唱部！』オリジナルソング)	定価(700円+税)
	女3	365日の紙飛行機	定価(800円+税)
	混3	Take a chance	定価(800円+税)
	女2・同2・混2/混3	ふるさと/ひまわりの約束	定価(800円+税)
	女3	恋するフォーチュンクッキー	定価(700円+税)
混声合唱曲集		真夜中のひこうき雲	定価(1,000円+税)
女声2部 ピアノ伴奏(＋バイオリン)		ミュージカルを歌おう	定価(1,600円+税)
男声合唱とピアノのための		昭和歌謡名曲集	定価(2,000円+税)
男声合唱による(アカペラ)		心に残る日本の歌	定価(1,200円+税)

メール便送料無料・郵便振替後払い　以後続々刊行予定!!

[編曲者紹介] **遠藤謙二郎**

東京工業大学電子工学科卒。学生時代、大学の男声合唱団で学生指揮者をつとめて以来合唱の虫。故北村協一氏に合唱指揮法と編曲法について、また、二期会中村博之氏から発声法の他音楽全般について手ほどきを受ける。

現在、「燕友合唱団」(東工大男声合唱団シュヴァルベン・コールOB会)指揮者、男声合唱団「ゴールデン・ノーツ」(神奈川県・藤沢市)常任指揮者、女声合唱団「コール多摩川」(東京・大田区)常任指揮者、女声合唱団「コールもみの木」(栃木県・下野市)顧問指揮者、他、アマチュア合唱団の指導をしながら、日本民謡から和・洋のPOP、クラシックまで、幅広く合唱曲などへの編曲・出版を行っている。日本音楽著作権協会(JASRAC)信託会員。

また、編曲作品は、2017年NHK音楽コンクール高校の部決勝大会のスペシャルステージの曲にOCP.086「恋」が採用されたほか、BS-TBS(OCP.069「日々」)、BS日本(OCP.057「心の瞳」)などの番組で採り上げられ、放送されている。

OCP.101 混声4部合唱・男声4部合唱
誰か故郷を想わざる

発 行 日：2019年1月25日 初版発行
編　　曲：遠藤謙二郎
発 行 者：一木 栄吉
発 行 所：株式会社オンキョウパブリッシュ
　　　　　〒353-0001埼玉県志木市上宗岡3-12-11
　　　　　TEL048-471-8551 FAX048-487-6090
　　　　　URL……http://www.onkyo-pub.com/
　　　　　E-mail…mail@onkyo-pub.com
　　　　　郵便振替口座 00190-8-561552
印 刷 所：株式会社ティーケー出版印刷

社団法人日本音楽著作権協会許諾(出)第1900352-901
ISBN 978-4-86605-137-6 C0073　JAN 4524643101376

御求めは全国書店・楽器店で御買求め下さい。品切れの際は最寄りの書店・楽器店に注文するか、直接当社宛へ現金書留、または郵便振替口座 00190-8-561552で本体価格に、消費税を加えて御注文下さい。歌集、詩集、イラスト集、その他自費で出版を御希望の方は部数に関係なく御相談下さい。**送料無料!!**